ガーデンコーディネーター
みゆき

ずぼら ガーデニング

枯らしまくっていた
私がたどり着いた！

みゆ庭ってこんなところ

　「みゆ庭」は、植物を枯らしまくった私が試行錯誤の結果たどりついた、手間のいらない庭です。

今でこそたくさんの植物を育てていますが、私のガーデニングの始まりはまさに黒歴史。簡単に育てられるというサボテンですら枯らす始末。あまりにも失敗が多いので、「私は植物を育てるの、向いていないなぁ」って思っていました。

　そんな私が引っ越して庭付きの家に住むことに！ せっかくの新居だから、雑草ボーボーの荒れ果てた庭には絶対にしたくありません。ガーデニングせざるを得ない状況になりました。

　いざ始めてみると「土はどうするの？　何の花が植えられるの?」頭の中はハテナだらけ。試しに花を植えてみても、うまく咲かないし、枯れるものもあるし、何度失敗したことか！　めげそうになりました。

　そんな中でも、健気に咲いてくれる花もありました。失敗ばかりなのにガーデニングを諦めなかったのは、花が咲いた時の感動が大きかったからです。思い切ってバラの苗をたくさん買ったのもこの時期です。

引っ越してすぐの
庭の状態

失敗と成功を繰り返す中で、ある時ふと「植物の育て方って共通点がある!?」と気づきました。今まで「植物を育てること＝苦手、難しい」というイメージだったのが180度ひっくり返ったんです。

　植物の世話のポイントに気づいたら、ずぼら管理でもガーデニングの失敗が少なくなりました。難しかった土作りに水やり、剪定のことなど、いちいち調べて悩む必要がなくなりました。さらに、植えっぱなしOKで育てやすい植物を選んだら、格段に管理がラクになりました。

　こうした自分なりのやり方を「ずぼらガーデニング」と名づけて発信し始めると、たくさんの方から共感をいただけるようになり、現在に至っています。

　この本には、私のこれまでの失敗と成功からわかったことをギュッと詰め込みました。ガーデニングが難しいなんてもう言わせません！

　ずぼらガーデニングで植物のある生活を一緒に楽しみませんか？

みゆき

※この本は関東地方を基準にした栽培について紹介しています。

植物の世話、実はみんな一緒です！

植物によって管理法が違って覚えられなーい！　と思いがちですが、
実は、世話をするポイントはどんな植物でも一緒。
私の経験上、水と肥料を吸い上げる「根」と、
光合成をして養分を作る「葉」さえ守っておけばOKです。
ちなみに「花」は子孫を残すために咲くので、疲れるモト。
花を切ると体力を温存することができます。

植物の世話、ここが一緒！

1 根のために、土を整える

堆肥と腐葉土でふかふかの土を作ります。

2 水は切らさない、やりすぎない

足らなくてもやりすぎても、植物は元気をなくします。

3 風通しのよさを保つ

株ごと抜いたり枝や茎を切ったりして、風通しをキープします。

4 花が終わったら摘む

ほうっておくと、種ができて植物が疲れたり、病害虫が発生する一因に。

5 新しい芽を伸ばすために枝や茎を切る

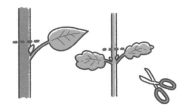

切る場所はどの植物でも同じ。
葉の上にある新芽の上で切ります。

土のこと

庭に植物を直植えする場合、庭の土を使います。
でも、そのままだと硬い場合があるので、「堆肥」や「腐葉土」を混ぜることで状態を
整え、ふかふかにしてから植物を植えましょう。鉢植えの場合は、
肥料などが配合された「培養土」が売られているので、そのまま使えばOKです。

庭の土をふかふかにする

土の状態をよくするための堆肥や腐葉土には、さまざまな種類や配合がありますが、私はざっくり「牛ふん堆肥＋腐葉土」でOKとしています。配合は、袋に表示されている量を目分量で。やや雑な感じもしますが、これで大丈夫です！　牛ふん堆肥を使う理由は、効果やコスパのバランス。また、バラ栽培の土には、牛ではなく馬ふん堆肥を使っています。

堆肥
動物のふんや落ち葉などを発酵させて作った土壌改良剤のこと。写真は牛ふん堆肥。

腐葉土
落ち葉が土状になったもの。養分を保持する働きに優れている。

Before
カチカチ
土が硬くなり、雑草も生えている。

After
ふかふか！
土が軟らかくなっている。栄養分もしっかり含んだ状態。

鉢植えには培養土を使う

基本の用土に肥料などを混ぜて調整したもの。

肥料のこと

肥料は、植物の成長を手助けするための栄養分。
タイミングよく与えることで、植物が元気に育ってくれます。

肥料のスケジュール

いつ与える?	どんな種類を?
＊植え付け時(元肥)	固形肥料(以下、固形)。
▼	
成長を促す時(追肥)	固形、または液体肥料(以下、液肥)。
元気がない時	活力剤、または規定量より薄めた液肥。
▼	
花が咲き終わった後(お礼肥)	固形、または液肥。
▼	
＊冬の果樹や庭木に(寒肥)	有機肥料(「寒肥」と書かれたもの)。

＊は庭に直植えの植物のみ。鉢植えには必要ありません。

肥料の種類

固形肥料 　じっくり効く。
　　　　　水に溶けて
　　　　　効果を発揮。

液体肥料 　固形より
　　　　　即効性がある。

化成肥料
植物の成長に必要な成分を化学的に合成した肥料。
使い続けると土が硬くなるので、堆肥と腐葉土をすき込む。

有機肥料
油かす、鶏ふん、魚粉、骨粉など。土壌改良効果もある。

私が使っている肥料の一例

固形肥料

液体肥料(左)と
活力剤(右)

有機肥料(寒肥)

苗選び、ここをチェック!

あんな庭にしたい、こんな庭にしたいと夢が膨らむ苗選び。
失敗しないポイントを3つにまとめました。

1 一年草か、宿根草(多年草)か?

一年草は、咲き終わったら抜くなど手入れが必要。あまり手間をかけたくないなら
宿根草がおすすめです。「耐寒性」のものを選べば、防寒の必要もありません。

一年草

特徴	1年で枯れる。
価格	安い。
メリット	華やかなものが多い。
デメリット	管理にやや手間がかかる。

宿根草

特徴	何年にもわたって生育する。
価格	高い。
メリット	管理がラク。
デメリット	大きくなるものもあるので注意が必要。

2 どれくらい大きくなるか?

苗の商品タグの裏を必ずチェック。
宿根草は大きくなるものも多いので、
草丈を確認しましょう。

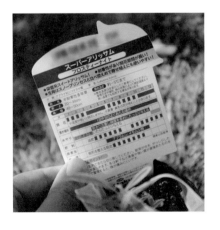

3 しっかりと詰まっているか?

茎がひょろひょろと伸びていない、
ぎゅっと詰まっている株を選びましょう。

ガーデニング道具は
これだけあればOK！

種類が多く、どれを揃えればいいのかわかりにくいガーデニング道具。
ここでは、最低限ほしい道具だけに絞って紹介します。
つい見た目がおしゃれなものを選びたくなりますが、つくりがしっかりしたものを
選ぶことが大切。使い心地がいいだけでなく、長く愛用することができます。
ガーデニングに慣れてきたら道具を増やしていくと、作業がラクになりますよ。

初めに揃えたい道具

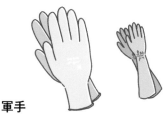

軍手
軍手をしていれば、作業中の手を
守ることができます。バラを育てたいなら、
革など丈夫な素材の手袋の用意も。

スコップ
植え付け時、穴を掘ったり
土を耕したりする
ために使います。

移植ゴテ
小さなスコップ。正式には移植ゴテと
いいます。苗を植える時に。
金属製のものが壊れにくく◯。

草刈り鎌
雑草取りに。握る部分は、
金属製より木製が
使いやすくておすすめ。

ジョウロ
少量の水やりならホースよりジョウロの方が便利。
液体肥料をまく時にも使えます。
はす口（ジョウロの先の部分）が取れるタイプを選びましょう。

花切りばさみ
細い茎や花がらを切る時に使います。
私が愛用しているのは、
100円ショップのもの。

剪定ばさみ
剪定のためのはさみ。こちらは
切れ味を重視して、しっかりした
品質のものを選んでいます。

📖 **花がら** 📖
［はながら］

咲き終わった花。

鉢植えを育てるなら

植木鉢

さまざまな材質のものがありますが、初心者に
おすすめなのは、蒸れにくくて水やりの管理が
しやすいテラコッタ。苗よりひと回りから
ふた回り大きいサイズを選ぶのが基本です。

鉢底ネット

植木鉢の底の穴を
ふさぐためのもの。
100円ショップで
手に入ります。

鉢台

鉢植えを置くための台で、
蒸れや暑さの防止に役立ちます。
100円ショップで手に入りますが、
レンガなどでも代用できます。

これがあれば、細かい作業もイラッとしない!

土入れ

苗を植え付ける時に。移植ゴテも同じ役割ですが、
土入れの方が土をこぼすことなく
苗の隙間に入れることができます。

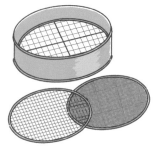

ふるい

使った後の土から古い根やゴミを
取り除く時に。粗目、中目、細目の網が
セットになっているものがおすすめです。

液肥希釈器

液体肥料を希釈するための装置。
私はホースに取り付ける
タイプを使っています。

延長ホース、ホースリール

ノズルが、ストレート、シャワーなど
切り替えられるものが使い勝手よし。
ホースを巻き取る装置(ホースリール)があれば、
さらに使いやすくなります。

植えてから後悔しないために。
ヤバい＆要注意植物リスト

生育が旺盛すぎて注意が必要な植物をまとめました。
中には、姿や花が魅力的なものもたくさんあります。
「地植えは絶対ダメ！」以外は、剪定や間引きなど手はかかるものの、
植えちゃダメ！ というほどではありません。気をつけるべき点を知って、
上手に付き合いましょう。

地植えは絶対ダメ！

ワイヤープランツ
他の植物を
駆逐する勢いで
増えてしまうので、
早めに抜くことが大切。

ヒメイワダレソウ
コンクリートの
上にも生える。
重点対策外来種。

ミント
「ミントテロ」と
いわれるほど増える。

要注意! でも魅力あり

★ こぼれ種などで増えすぎる　　☆ 大きくなりすぎる

つるバラ ☆

つるがあちこちに伸びてしまう
暴れん坊揃い。

コキア ★

あっという間に増えて
翌年コキアまみれに。

ガウラ ★

こぼれ種で増えまくる
(小さい品種は増えない)。

エリゲロン ★

増えまくり!
もはや雑草級。

ユーカリ ☆

あっという間に巨大化する。
風にあおられる。

ミモザ(ギンヨウアカシア) ☆

成長が速い。
カイガラムシが大量に
発生することも。

クローバー(シロツメクサ) ★

グラウンドカバー植物にしても、
雑草対策にはなりにくい。
地下茎でも増える。

目次

みゆ庭ってこんなところ 2

はじめに

植物の世話、実はみんな一緒です！ 4
土のこと 5
肥料のこと 6
苗選び、ここをチェック！ 7
ガーデニング道具はこれだけあればOK！ 8
植えてから後悔しないために。ヤバい＆要注意植物リスト ... 10

Spring 春 ［3〜5月］ 16

3月のずぼらガーデニング作業 17
4月のずぼらガーデニング作業 18
5月のずぼらガーデニング作業 19
みゆ庭を彩る春のずぼらプランツ 20

これだけはやりたい、春のずぼらケア

雑草対策は早めが吉！ 22
芝生を味方につけよう 24
春こそおすすめ！ 寄せ植え作り 26

春のお気に入り植物

かわいくて手間いらずのクリスマスローズ 28
こぼれ種で増えるパンジー・ビオラ 30
花より華やか！ カラーリーフ 32
ミモザは鉢植えで育てる 34
憧れのバラは、品種を選べば大丈夫 36
植えてよかった、わが家のシンボルツリー 38

MIYUKI's Column

植物をもっと楽しむアイディア〈春〉 40

Summer 夏 [6〜8月]

Summer 夏 [6〜8月] ⋯⋯⋯⋯ 42

6月のずぼらガーデニング作業 ⋯⋯ 43

7月のずぼらガーデニング作業 ⋯⋯ 44

8月のずぼらガーデニング作業 ⋯⋯ 45

みゆ庭を彩る夏のずぼらプランツ ⋯⋯ 46

これだけはやりたい、夏のずぼらケア

夏を乗り切る管理の極意 ⋯⋯⋯⋯⋯⋯⋯⋯ 48
夏の植物は蒸れに注意！ ⋯⋯⋯⋯⋯⋯⋯⋯ 49
梅雨の晴れ間は庭仕事のチャンス ⋯⋯⋯⋯ 50
植物も夏バテします ⋯⋯⋯⋯⋯⋯⋯⋯⋯⋯ 52
バラは花を切って休ませる ⋯⋯⋯⋯⋯⋯⋯ 54
ドクダミ対処法 ⋯⋯⋯⋯⋯⋯⋯⋯⋯⋯⋯⋯ 55
失敗しない夏の水やりポイント ⋯⋯⋯⋯⋯ 56
どうする？ 旅行中の水やり ⋯⋯⋯⋯⋯⋯ 57
ここだけは気をつけたい、夏の寄せ植え ⋯ 58

夏のお気に入り植物

梅雨空に映えるアジサイ ⋯⋯⋯⋯⋯⋯⋯⋯ 60
ちょっと特別なアジサイ 'アナベル' ⋯⋯⋯ 62
青い花で涼を感じる ⋯⋯⋯⋯⋯⋯⋯⋯⋯⋯ 64
大きくなる木は鉢植えで ⋯⋯⋯⋯⋯⋯⋯⋯ 66
伸びたミモザはほうっておく ⋯⋯⋯⋯⋯⋯ 68
植えてよかった！ メリットいっぱいのクラピア ⋯ 69
屋内では観葉植物を楽しむ ⋯⋯⋯⋯⋯⋯⋯ 70

MIYUKI's Column

植物をもっと楽しむアイディア〈夏〉 ⋯⋯ 72

Autumn 秋 ［9〜11月］ ⋯⋯⋯⋯⋯⋯⋯ 74

9月のずぼらガーデニング作業 ⋯⋯⋯⋯ 75

10月のずぼらガーデニング作業 ⋯⋯⋯⋯ 76

11月のずぼらガーデニング作業 ⋯⋯⋯⋯ 77

みゆ庭を彩る秋のずぼらプランツ ⋯⋯⋯⋯ 78

これだけはやりたい、秋のずぼらケア

台風対策のためにやっておきたいこと ⋯⋯⋯⋯⋯⋯⋯ 80
夏の終わりの見切り苗を復活させて、コスパよく ⋯⋯⋯⋯ 82
秋は害虫対策を ⋯⋯⋯⋯⋯⋯⋯⋯⋯⋯ 83
種まきで春の準備を ⋯⋯⋯⋯⋯⋯⋯⋯ 84
球根でもっとラクに春の準備 ⋯⋯⋯⋯⋯⋯ 86
秋に苗を買うなら、耐寒性をチェック ⋯⋯⋯⋯ 88
夏に半分枯れた寄せ植えを復活させる ⋯⋯⋯⋯ 89

秋のお気に入り植物

長い期間楽しめるパンジー・ビオラ ⋯⋯⋯⋯⋯ 90
定番だけど侮れないマリーゴールド ⋯⋯⋯⋯⋯ 92
これがあるだけでハロウィン気分な木 ⋯⋯⋯⋯ 93
庭に秋らしさをプラスできるグラス類 ⋯⋯⋯⋯ 94
楽しみ2倍！　ローズヒップができるバラ ⋯⋯⋯⋯ 96
バラ栽培の理想と現実 ⋯⋯⋯⋯⋯⋯⋯ 98

MIYUKI's Column

植物をもっと楽しむアイディア〈秋〉 ⋯⋯⋯⋯ 100

staff

デザイナー／大塚將生（marrons' inc.）
撮影（表紙、プロフィール）／田邊美樹
校正／麦秋アートセンター
構成・編集／本城さつき
編集／藤原民江（KADOKAWA）

Winter 冬 [12~2月] 102

12月のずぼらガーデニング作業 103

1月のずぼらガーデニング作業 104

2月のずぼらガーデニング作業 105

みゆ庭を彩る冬のずぼらプランツ 106

これだけはやりたい、冬のずぼらケア

バッサリ切るだけ、宿根草の切り戻し 107
新しい芽のために寒肥を 108
冬のうちにちょこっと雑草対策 109
気をつけたい、冬の水切れ 110
ミモザのカイガラムシはこれで解決！ 111
冬こそDIYがおすすめ。ラダーを作ってみました 112

冬のお気に入り植物

パンジー・ビオラは花がらを摘めば長持ち！ 114
初心者におすすめは、バラの大苗 115
これだけでOK！　バラをきれいに咲かせるために 116
ハボタンを主役に、お正月のシンプル寄せ植え 118
枯れた姿が冬の庭のアクセントに 119

MIYUKI's Column
植物をもっと楽しむアイディア〈冬〉 120

これってナゼ？ に答えます

花が咲かないのはナゼ？ 122
植物が枯れるのはナゼ？ 123
使い終わった土って、捨ててもいいの？ 124
固形肥料選びで迷ったら？ 125

ずぼらガーデニングカレンダー 126

Spring

春

[3〜5月]

ガーデニングを始めたい
と思っているなら、春がおすすめ。
眠っていた庭が少しずつ動き出して、
景色が日ごとにカラフルになり、
植物を育てる喜びを
いちばん感じられる季節です。

3月のずぼらガーデニング作業

日差しが柔らかく暖かくなって、
いよいよガーデニングシーズンの到来です。

 花がら摘み、枯れ葉取り

寒い時期も咲いてくれたパンジー・ビオラは、
花がら（咲き終わった花）や枯れ葉をこまめに
取りましょう。これが長く咲かせるコツです。

 肥料やり

暖かくなるにつれ、肥料をしっかり
取り込めるようになっていきます。

3 切り戻し

切った後の回復が早くなる時期です。
パンジー・ビオラなどは、
のびのびになっていたら切り戻します。

 水栽培のヒヤシンスを土に埋める

光合成で体力をつけて、来年も咲きますように。

5 園芸店チェック

いろいろな花があって楽しい時期です。

6 バラの消毒

市販のスプレーを
葉、枝、土に散布します。

> 📖 **切り戻し** [きりもどし] 📖
> 伸びすぎた茎や枝を切り、
> 株の姿を整えると同時に新芽の成長を促すこと。

4月のずぼらガーデニング作業

虫や雑草が目立つようになる時期。
虫退治や雑草取りに力を入れ始めましょう。

1 アブラムシ退治

殺虫剤（市販のスプレーや置くタイプが効果的）
をまきます。

2 追肥やり

液体肥料を与えます。

3 雑草取り

そろそろ雑草取りシーズンが本格的にスタート。

4 花がら摘み

咲き終わった花を摘みます。

5 苗の植え付け

一年草や宿根草の苗、苗木の植え付け時期。
どんな庭にしたいかを思い描いて苗を選んで。

5月のずぼらガーデニング作業

春の花後のケア、夏の花の準備、
梅雨の前に終えたい作業をさくさく済ませましょう。

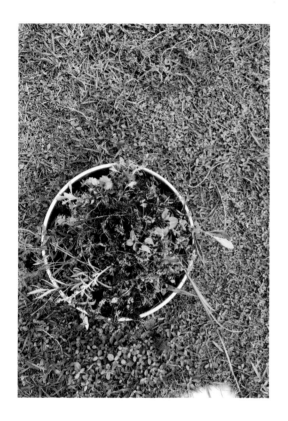

1 花がら摘み

咲き終わって汚くなったら摘みます。
ただし、パンジー・ビオラは摘まずにそのままに
しておくと、こぼれ種で増えます。

2 水やり

水切れしやすくなる時期。
特に鉢植えは気をつけて。
行う時間は朝がおすすめ。

3 雑草取り

1日に数分取るだけで、
年々ラクになります。
花が咲いて種が散る前に取って。

4 病害虫対策

ゼロにするのは難しいので、
ほどほどに。
市販のスプレーが便利です。

5 種まき

センニチコウやケイトウなど、夏の花の種をまく時期。

6 苗の植え付け

バラの開花株が買い時！
一年草や宿根草の苗、苗木の植え付けにもいい時期です。

7 花後の球根の管理

茎を切ります。光合成で養分を蓄えさせましょう。

みゆ庭を彩る春のずぼらプランツ

庭が1年でいちばん華やかになる季節。
全体のバランスを見ながら新しい苗を植え付けます。

ムスカリ ◆

紫がかった
青色の花がきれい。
寒さに強く育てやすい。

スイセン ◆

早春から咲く白や
黄色の花が
庭を明るく彩ってくれる。

ハナニラ ◆

薄い藤色や白などの
星形の花が咲く。
葉に触れると
ニラのような香りがする。

**ベロニカ
'オックスフォードブルー' ■**

放任でも育つ優秀プランツ。
オオイヌノフグリの
ような花が咲く。

**ロータス
'ブリムストーン' ■**

黄色がきれいな
リーフプランツ。
鉢でも育つが、地植えに
すると大きくなる。

宿根ネメシア ■

他の植物と
合わせやすく、
斑（葉の模様）入りの
品種もある。

カモミール 〇

観賞用
としてだけでなく、
ハーブティーにしても
楽しめる。

エリゲロン 〇■

ピンクと白が
混ざってきれい。
ナチュラルな
雰囲気がある。

オルレア 〇

細かい白い花が
優しげな印象。
どんな植物ともよく合う。

**ラグラス
'バニーテール' 〇**

ふわふわの花がかわいい。
種がついたら
むしってまくと、
翌年も生えてくる。

アグロステンマ 〇

バラによく合い、
風に揺れるときれい。
枯れた後にできる種を
取り出してまく。

ギボウシ（ホスタ）■

葉がきれいで種類が多い。
7〜8月には花も咲く。

20

「ずぼらプランツ」って何？

手がかからない植物を選んで植えれば、こまめな手入れをしなくても、きれいな庭が叶います。例えば、一度球根を植えたら手入れいらずで毎年花を咲かせてくれるものや、ほうっておいてもこぼれ種で増えるものなど。私はこうした植物を「ずぼらプランツ」と呼び、たくさん植えています。

◆ 植えっぱなしOK
　の球根植物
○ こぼれ種で増える
■ 宿根草

ヒューケラ ■
美しい葉色を楽しむ
カラーリーフ。
色バリエが豊富。

フウチソウ ■
漢字で書くと「風知草」。
風にそよぐ
姿が美しい。

アジュガ ■
葉はブロンズ色で
花壇のグラウンドカバーに
ぴったり。

クリスマスローズ ○■
かわいらしい花が
早春の庭を彩る。
種類の多さも楽しい。

**タイム
'クリーピングタイム' ■**
ハーブでおなじみの
タイムの一種。
グラウンドカバーに
使いやすい。

アリッサム ■
白やピンクなどの
小花がこんもりと咲く。

ネモフィラ ○
空や海を思わせる
青い花が美しい。
種から育てやすい
ところも○。

**ラベンダー
（フレンチラベンダー）■**
ラベンダーの一種で、
紫色の花についた
ウサギの耳のような
葉が印象的。

パンジー・ビオラ ○
秋から春にかけて
長く花が楽しめる。
新品種が次々に登場する
楽しみも。

スモークツリー
ふわふわした花がかわいく、
ドライフラワーにしても
楽しめる。

バラ
手入れが難しくない
ものを選べば、
恐るるに足らず。

雑草対策は早めが吉!

春からの時期、頭が痛い雑草。
見つけたらすぐに抜きたい雑草など、対策をまとめました。

見つけたら即抜くべし!

スギナ
なるべく切れないよう、慎重に。
農家のおじさんが「スギナは
地獄の果てまでつながっている」と
いうほどのヤバさ…。

カタバミ
一見かわいいけれど、
実はヤバい。

タンポポ
根が深くて厄介。
花が咲く前に抜きたい。

ヤブガラシ
つるがあっという間に
伸びていく…。

クローバー(シロツメクサ)
一度生えると根絶が難しい。
かわいいけど、すぐに抜くべし!

アカメガシワ
夏頃生えてくる。
巨木になるので注意!

時間がなければこれだけでも

花を摘む

種を作らせなければ
増えません。
カタバミなど。

葉をむしる

葉を取って光合成を阻止。
スギナ、タンポポなど。

究極の対策は、
土の上に何かを敷き詰めてしまうこと

コンクリート

敷いた後は手入れ不要で、
絶対に雑草が生えませんが、
業者に頼む必要があり、
費用が高め。

タイルやレンガ

敷いた後は手入れ不要。
モルタルで固めれば
雑草が生えません。
ちなみに、砕石、モルタル、
タイルでテラスが作れます。
大変だけど、
作ってしまえば後はラク。
ただし、DIYが大変で、
費用がかかるという面も。

防草シート＋砂利

必ず、シートを敷いてから
砂利をまきましょう。
雑草が生えても、
スルンと簡単に抜けます。
DIY初心者でも
簡単にできますが、
砂利を運ぶのがやや大変。

芝生を味方につけよう

上手に付き合えば、庭を美しく見せるだけでなく、
雑草対策にもなってくれる芝生。失敗しないコツを紹介します。

びっしり育てる

密に植える

すき間なく生えていると、きれいなだけでなく
雑草対策になります。間隔を空けて植えると
埋め尽くすまで時間がかかり、
地面が凸凹で不恰好な印象になるので注意。

びっしりと地面を覆うことで、
雑草に生える隙を与えません

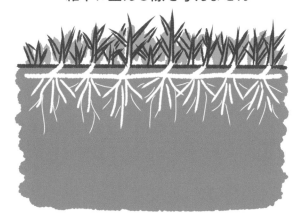

ちょっと失敗……。
間を空けすぎて、埋まるまでに
時間がかかりました

定期的に草刈りする

定期的に草刈りをすると、
美しさを保てるだけでなく、
ますます密に生えます。

花壇などを避けて植える

どんどん伸びるので、植える場所には注意が必要です。
ランナー（伸びた茎）が花壇にまで進出して他の植物を刺してしまうこともあるので、
伸びてほしくないところには
「芝の根止め（根の侵入を抑えるためのプラスチックの板）」を用いましょう。

芝生が元からあった植物を
刺すように広がります

「芝の根止め」で広がりを
くい止めます

春こそおすすめ！ 寄せ植え作り

春は寄せ植え作りに適したシーズン。これからの時期は
植物がぐんぐん成長するので、初めはスカスカでも大丈夫。
下の写真のように、「シュッ」「ボン」「タラーリ」の
3パターンの植物を組み合わせるだけでOKです。
根が詰まっている場合は、少しほぐしてから植えてください。

コツはこれだけ

「シュッ」
…上に伸びる植物。

「ボン」
…メインになる
華やかな花。

「タラーリ」
…しだれる植物。
庭に植えておくと
勝手に増える
ものが多い。

おすすめの植物

シュッ	ボン	タラーリ
・ネメシア　・カレックス	・ペチュニア	・リシマキア
・スティパ〝エンジェルヘアー〟	・カリブラコア	・ディコンドラ
・センニチコウ	・ジニア　など	・ヘデラ（アイビー）
・ネコノヒゲ　など		・ハツユキカズラ　など

寄せ植えを作ってみよう

寄せ植え作りに必要なもの

❶ 苗（3〜4つ）
❷ 植木鉢
❸ 移植ゴテ
❹ 土入れ
❺ 鉢底ネット
❻ 培養土

作り方

1 鉢の穴の上に鉢底ネットを置く

苗が3〜4種入るぐらいのサイズなら、鉢底石はなくてもOK。

2 培養土を入れて苗を仮置きする

土は目一杯に入れず、鉢の内側3cm下あたりまで。肥料がすでに含まれている培養土を使えば、改めて肥料を与える必要はなし。

3 苗を植える

根が詰まっていたら少しほぐし、かわいい方が正面を向くように置きます。土を入れます。庭の植物をとって植えてもOK。

4 土を足す

すき間がなくなるように土を入れます。割り箸を使っても。

5 水をやる

たっぷりと水を与えます。

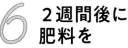

6 2週間後に肥料を

植え付けから2週間後に、置くタイプの肥料を与えます。

かわいくて手間いらずの
クリスマスローズ

特に世話をしなくても毎年咲いてくれるクリスマスローズは
最強だなぁ、と思います。花が少なくなったり、
花の形が変異したりすることはありますが、
こぼれ種で増え、放任栽培でも枯れないのが嬉しいところ。
わが家のクリスマスローズにはノーブランドで安い苗から
育てているものもありますが、とてもかわいい花が楽しめます。

かわいく写真に撮るには？

クリスマスローズは下を向いて
咲くので、普通の目線では
花の様子がよく見えません。
写真に撮るときは、
花を手で持ち上げて上に向けたり、
カメラの位置をグッと下げて
下から撮るようにするのが
おすすめです。

フローティングフラワーにする

シーズンも終盤に
近づいてきたら、
花をカットして水に浮かべ
「フローティングフラワー」に。
普段うつむいて咲いている
クリスマスローズの顔が
よく見えるうえ、
写真映えします。
この時期だけのお楽しみです。

こぼれ種で増える
パンジー・ビオラ

ガーデニングをしていると、教科書通りにいかないことも
いろいろあります。こぼれ種で増える植物もそのひとつ。
予想もしない場所や時期に姿を現して楽しませてくれます。
特に好きなのが、こぼれ種で咲くパンジー・ビオラです。
写真は夏に撮ったもので、本来は秋から春の花ですが本当に元気。
何だかこちらまで元気をもらいました。
5月頃からは花がらを摘まないで放置するといいようです。

他にもあります、こぼれ種で増える植物

クリスマスローズ
放任栽培でも毎年咲くだけでなく、
花の形が変異することがあるのも楽しみ。

オルレア
白くて小さな花がきれい。
よく増え、長く花が楽しめる。

アグロステンマ
スッと伸びた茎にピンク色の花が咲き、
風にそよぐ様子が魅力的。

エリゲロン
ハルジオンに似た小花が次々に咲く。
広がるように増えるのでグラウンドカバーにも。

花より華やか！　カラーリーフ

葉っぱが美しいカラーリーフ。
下の写真はギボウシ（ホスタ）です。
これも立派なずぼらプランツで、日陰〜半日陰でも育つうえ、
冬は枯れて地上部がなくなりますが、毎年春になると出てきます。
葉が美しいので、花がなくても庭が華やかになる
（ちなみに花は薄紫色で可憐）、おすすめの宿根草です。

他にもいろいろ

ロータス ˋブリムストーン ˊ
柔らかい黄色の新葉が美しく、
枝全体のグラデーションがきれい。

ヒューケラ
葉脈や葉の形、茂った葉の重なりなど
見どころの多さが魅力。色バリエも豊富。

フウチソウ
スッと伸びた葉が風にそよぐ姿が美しい。
明るい葉色が庭のアクセントに。

アジュガ
葉の色だけでなく紫の花もきれい。
春は開花時期なので、この写真のような姿。

ミモザは鉢植えで育てる

ふわふわの黄色い花がかわいいミモザは、
実は結構手がかかる植物。
成長が速く、すごい勢いで大きくなるので、
鉢植え栽培がおすすめです。
元気を保ち翌年もモリモリ咲かせるコツは、適切な剪定。
切った枝は切り花として楽しみましょう。

剪定のポイント

 時期を守る

花後（花が茶色くなったら終わり）
から5〜6月頃まで。
夏に花芽ができるので、必ずこの時期に。

 **花の下、かつ
葉の上を切る**

花を残すと豆ができて養分を取られてしまうので、
花が確実にない葉の上の位置で切ります。

**3 枝の込み入った
ところを切る**

枝が込み入っているところを切ります。
風通しが悪いとカイガラムシが発生する一因に。

切った枝を長持ちさせるには

葉が付いていると水分がどんどん
抜けてしまう（蒸散）ので、取ります。
枝に十字に切り込みを入れる（図参照）と、
水の吸い上げがよくなります。

わが家のブルーブッシュ

ミモザにはたくさんの種類があります。
わが家で育てているうちの1本は
ブルーブッシュ。
庭の一角でぐんぐん育っています。

憧れのバラは、品種を選べば大丈夫

バラは品種さえ選べば簡単に育てられます。
開花の様子を見て選べる5月は、購入におすすめの時期。
好みの花を見つけたら、育てやすい性質か調べて購入しましょう。
ここでは、私が育てている中から、育てやすい7種をご紹介。
どれも、バラにつきものの薬剤散布を
ほとんどしなくても育てることができます。

ホーム＆ガーデン
病気に強く爆咲きする。

バラを選ぶポイント

1 実際に咲いている
花を見る

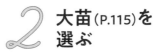 2 大苗(P.115)を
選ぶ

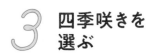 3 四季咲きを
選ぶ

おすすめの品種

ニューサ
超簡単でほぼ放任OK。ローズヒップができる。

アイスバーグ
殿堂入りのバラ。有名品種。

ブリーズ
ブーケのように咲く。とても強いのが嬉しい。

ストロベリーアイス
かわいいフリル咲き。

ノヴァーリス
病気にも寒さにも強く、
育てやすいところが魅力。

グリーンアイス
ミニバラなので鉢植えでコンパクトに育ち、強い。
花が開くにつれて白〜緑たまにピンクが入る、
というように色が変化。

植えてよかった、
わが家のシンボルツリー

庭を彩ってくれるシンボルツリー。
見た目の楽しさと手入れしやすさのバランスを考えて選びました。

スモークツリー
ふわふわの花がかわいいスモークツリー。普通に成長すると3〜4mになるが、
鉢植えなら樹高を抑えて小さく楽しむことが可能。落葉樹。

アオダモ
成長が緩やかで管理がラク。
見た目がきれい。落葉樹。

オリーブ
成長が緩やか。葉がつややかで
見た目がおしゃれ。常緑樹。

ユーカリ・ポポラス
葉の形がかわいく、明るい色合い。
ドライでも楽しめる。常緑樹。

セイヨウニンジンボク
初夏に咲く花が涼しげで、見た目が爽やか。
落葉樹。

植物をもっと楽しむアイディア〈春〉

育てる＋αの楽しみがあるのが植物のいいところ。
私の楽しみ方の一例を、季節ごとに紹介します。

Dried Flowers
ドライフラワーにして長く楽しむ

独特の表情があるドライフラワー。
きれいなタイミングを逃さずに切って、しっかり乾かしましょう。

ミモザ
リースにもスワッグにもしやすく、色も形もよく映える。
花が盛りのうち（茶色くなる前）にドライにするときれい。

スモークツリー
ドライフラワーにしやすく、くすみカラーがインテリアにも◯。
1本でも束にしてもかわいい。

Cut Flowers
剪定した枝を
切り花に

間引いた枝を花瓶やグラスなどに
ちょこんと挿して、部屋のあちこちに。
いろいろな花を1つの器に
まとめて飾ってもいい感じ。

Chamomile Tea
自家製カモミールティー
を作る

摘んだばかりのカモミールに
お湯を注ぐだけで、
カモミールティーのできあがり。
りんごみたいな味がします。
砂糖を入れたら、
5歳だった長女も
喜んで飲んでいました。

Summer

夏

[6〜8月]

梅雨を経て盛夏へと向かうこの季節は、
植物が健康に成長できる
環境を整えることが何より大切。
蒸れたり暑すぎたりと、
人間にとって心地よくない気候は、
植物にとっても同じです。
庭で作業をする際は、熱中症に気をつけて。

6月のずぼらガーデニング作業

この時期のポイントは風通し。
病害虫が発生しないように整えるケアを心がけます。

 咲き終わった
春の花(一年草)の
片付け

1年で寿命が終わる草花は、
そのまま放置せず抜くようにします。

2 切り戻しをする

開花時期が長いペチュニアなどは、
伸びすぎた茎を切ることで
新芽の成長が促され、
より多くの花が楽しめます。

 花がらを摘む

咲き終わった花がらを放置すると、
蒸れや病害虫発生の一因に。
こまめに取り除きましょう。

 植え付けもまだできる

気温が高いうえ、雨で土が湿るので、
案外根付きやすい時期です。

7月のずぼらガーデニング作業

いよいよ梅雨が明けて夏到来。植物も人間同様に
夏バテをする時期なので、気をつけたいものです。

 水やり

朝早いうちに水やりを。水をかけるのは地面で、
葉にはかけないように気をつけて。

 植物の暑さ対策

鉢台に置く、置き場を変える、
日除けするなど、熱い地面や
直射日光が当たる場所を避ける工夫を。

 アジサイの剪定

さっぱりさせたいなら7月初旬までに切ります。
秋らしい色に変化していく様子を楽しみたいなら、
切らずにそのままに。アナベルは切らずにおき、
2回目にグリーンに変わったら
ドライフラワーにします。

 病害虫との戦い

この時期に特に気をつけたいのは、
カミキリムシ、コガネムシの成虫です。

5 活力剤を使う

植物が夏バテで弱ってきたら、
活力剤を与えて様子をみます。

8月のずぼらガーデニング作業

この時期の作業のポイントは、
作業する人の熱中症対策や水分補給。とにかく無理は禁物です。

 水やりは朝早いうちに

気温が比較的低い早朝に、
葉にかけないように水を与えます。
鉢植えは特に気をつけて、
乾きやすいようなら、根元にたっぷりと。

 植物の夏バテ対策

切り戻したり、活力剤を与えるなど、
元気を取り戻す手助けを。

 **土の表面を
かるく耕す**

土が硬くなりやすい時期なので、
草取りをするついでに鎌で土の表面を
浅く耕しておく(中耕)のがおすすめ。

 蒸れに注意する

病害虫が発生する原因になるので、
切り戻しや間引きを行います。

 バラは早めに摘む

バラはつぼみのうちに切って体力温存。
秋に備えます。

みゆ庭を彩る夏のずぼらプランツ

夏の暑さや日差しに強い植物が、
この時期の庭を彩ってくれます。

アジサイ
雨続きでも次々に咲いて
気持ちを癒やしてくれる。
独特の色合いも魅力。

カシワバアジサイ
その名の通り柏のような葉と
三角すいの形にこんもりと
咲く花が特徴的。

アジサイ 'アナベル' □
スタイリッシュな雰囲気で
インテリアにも活用度大。

ペチュニア □
夏の日差しに負けない
鮮やかな花を咲かせる。
寄せ植えにも使いやすい。

ギボウシ(ホスタ) ■
葉が美しいリーフプランツ。
夏に薄紫色の
かわいらしい花が咲く。

**ユーフォルビア
'ダイアモンドフロスト'** □
白い小花がたくさん咲く。
繊細な見た目と違って
暑さや病気に強い。

ガウラ □○■
スッと伸びた茎に
白い小花が咲く。
こぼれ種で増える。

宿根リナリア □○■
小さな花が穂状に咲く。
風に揺れる様子がきれい。
こぼれ種で増える。

ジニア □○
さまざまな種類がある。
ガーデニング素材
として人気。
こぼれ種で増える。

□ 夏の西日にも強い
〇 こぼれ種で増える
■ 宿根草

サルビア（セージ） □■
青系の花が多く、爽やか。
さまざまな種類がある。

バーベナ □■
真夏の炎天下でも咲く。
小さな花がかわいい。

クラピア ■
グラウンドカバーに活躍。
薄いピンクの小花も
かわいい。

ルドベキア 'タカオ' □〇■
丈夫で次々に花が咲く。
黄色の花が咲き、
夏の日差しによく合う。

カリブラコア □■
ペチュニアに似た
小さな花が、
長い期間にわたって咲く。

**ヒューケラ
ドルチェシリーズ** □■
カラーリーフの
ヒューケラの中から、
暑さに強い品種を選抜したもの。

セイヨウニンジンボク □
青い花が目に涼しく、
香りも爽やか。
ハーブとしても用いられる。

ラベンダー ■
青い花の色が美しい。
ドライにしても楽しめる。

ニチニチソウ □
名前の通り次々に咲く。
白、赤、ピンクなど
鮮やかな色が特徴。

夏を乗り切る管理の極意

暑い時期もガーデニングを楽しみたいから、
できるだけラクに管理する方法を考えました。

1 花はほどほど、リーフを多めに

トラブルのもとになりがちな花がら。
夏はリーフプランツ多めの庭にすれば、
摘む手間が減らせます。

2 育てやすい植物を選ぶ

ジニアやバーベナなど、
そもそも暑さに強い植物を選べば
管理がラクになります。

3 むき出しの土を減らす

コンクリート、タイル、レンガ、
防草シート＋砂利など、
雑草に増えるスキを与えない対策を。

4 鉢植えを減らす

鉢の数を厳選することで、水やりの回数など
手間がかかる作業を減らせます。

5 枯れてもめげない！

過酷な暑さに植物が枯れてしまうこともあります。
気にしすぎないことも大切。

\ 混んでます! /

夏の植物は蒸れに注意！

蒸れは、病害虫が発生する一因になります。
茎や枝が込み入ると蒸れてしまうので、
切って風通しをよくしてあげましょう。

梅雨の晴れ間は庭仕事のチャンス

植物が蒸れて腐りがちになる梅雨。
晴れ間がのぞいたらやっておきたい作業をまとめました。

1 花がら摘み

咲き終わった花が、雨でぐちゃぐちゃに。
花茎から切り取りましょう。

2 雑草取り

雑草は晴れの日に種を飛ばします。
見つけたら即抜くべし！

3 間引き

込み入っている一年草を抜きます。

4 切り戻し

繰り返し咲く植物は、切ってさっぱりさせます。

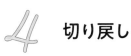

5 枝をすかす

ワサワサになっている枝を
さっぱりさせます。

植物も夏バテします

人間だけでなく、植物も夏バテします。例えば、葉が黄色くなったり、
栄養が取り込めず花が小さくなったり、弱って病気になったり……。
次の4つのことに注意しましょう。

 水やりは朝早いうちに

日が高くなると水が温まって、植物がゆだった状態になってしまいます。

 **遮光するか
半日陰に移動する**

地植えなら市販の遮光ネットで。鉢植えなら半日陰に置きましょう。

 **肥料ではなく
活力剤を与える**

植物が弱っているとつい肥料を与えたくなりますが、それはNG！
人間も、疲れ切っている時に「ステーキ食べなよ！」と言われたら
「無理……」となりませんか？　夏バテしている時は、肥料ではなく活力剤を。
活力剤は、例えるなら栄養ドリンクで、
弱っている植物の体力回復を助けてくれます。
肥料を使うなら、液体肥料を規定量より薄めて、がおすすめです。

 **剪定や切り戻しをして
風通しをよくする**

夏バテした状態で茂りすぎていると、病気になることも。
剪定や切り戻しをして、風通しをよくしましょう。
剪定・切り戻し後は、活力剤や規定量以上に薄めた液体肥料を与えます。

夏バテの植物を復活させました

暑くて
ヘロヘロ……

写真は、梅雨の湿気と
夏の暑さで、
だいぶお疲れ気味の
サフィニアアート。
すっかり色褪せて
ヘロヘロに
なっていたものを
ケアしました。

バッサリ切り戻して

活力剤を与えて

あと少し！

3週間ほどで
完全フッカツ!!

バラは花を切って休ませる

夏も花を咲かせるバラ。でも、全部カットしています。
というのも、花を咲かせるのは体力消耗になるからです。
切った花を、娘が水に浮かべて飾ってくれました。
暑すぎる夏は、バラにとっても過酷。秋にきれいに咲かせるためにも、
花は少し我慢して体力を温存させます。

このまま咲かせると
バラが疲れてしまいます

切るのはもったいない
気もしますが、
切った花を水に浮かべて飾れば
ムダになりません

ドクダミ対処法

気づいたら増えているドクダミ。
対処法は以下のどれでもOKです。

1 ひたすら抜く

つながっている地下茎を
掘って抜きます。
除草剤を使っている、という人も。

2 お茶や化粧水にする

昔から親しまれている方法です。

3 そのままにする

共存している人も多いです。
八重咲きの品種もあり、あえて植えている人も。
わが家ではそのままにしています。
アジサイの下にのぞく小さな白い花が、
意外にナチュラルでかわいかったりします。
臭いから嫌という意見もありますが、
触らなければ臭わないので、
なるべく触らないように気をつけています。

失敗しない夏の水やりポイント

夏の盛りの水やりには、ちょっとしたコツが必要です。
注意点をまとめてみました。

1 葉や花に 水をかけない

水がかかると、葉が焼ける原因になります。

2 気温が高い 時間を避ける

ベストな時間帯は朝早い時間。
日が高いと気温が高くなるため。

3 水やりはドリップ コーヒーのイメージで

サッとではなく、たっぷり、じっくりと。
鉢底からあふれるまでが目安。

4 乾いていたら地植えにも

水やりは鉢植えが中心ですが、
乾いていたら地植えの植物にも。
芝生はツンツンしていたら、水不足の合図です。

／ ツンツン ＼

どうする？　旅行中の水やり

地植えはおそらく大丈夫。対策が必要なのは鉢植えです。
1+*2*or*3*で切り抜けて。お隣さんに頼むのもあり！

1 日陰か半日陰に 移動させる

日当たりがきつい場所に放置するのは禁物。

2 鉢受け皿を 使う

皿に水を溜めてから鉢を置きます。
鉢の数が少ない人向けの方法かも。

3 給水キャップを 使う

水を入れたペットボトルに
給水キャップをして、土に挿します。
レンズ効果で火災になるのを
防ぐため、ラベルが付いたままの
ペットボトルを使うのがベター
（写真はわかりやすいように
ラベルをはがしています）。
こちらも鉢の数が少ない人向け。

ここだけは気をつけたい、夏の寄せ植え

基本的な形は春と同じ
（「シュッ」、「ボン」、「タラーリ」。P.26）ですが、
この季節に気をつけたいのは、
キツキツに植えすぎず風通しを保つことと、
水やりはしつつも蒸れないようにすること。
鉢をいくつか並べて置く「寄せ鉢」や、
ずぼら管理でも育つ植物を
1種類だけ（例えばセダム。P.67）使い、
雑貨と合わせる寄せ植えなら、より簡単です。

ゆったり植えて、風通しよく

必要なものや作り方はP.27参照。

注意すること

キツキツに植えないように

水やりはしっかり、でも蒸れに注意

もっとカンタンにするなら

鉢植えをいくつか集めて寄せ鉢に

1種類の植物＋雑貨で

梅雨空に映えるアジサイ

ジメジメした梅雨の季節、
美しい色の花で気持ちを爽やかにしてくれるアジサイ。
日陰の花壇でも咲いてくれるのが嬉しいところです。
花が終わったら剪定すると、
次の年もまたきれいな花を楽しませてくれます。

剪定のやり方

新芽の上で切ります

枯れた枝を切ります

花が咲かなかった枝を切ります

剪定の時期は、花が終わった後（6月末〜7月）。花全体の色が少し褪せてきたら、剪定の合図です。切り方は「新芽の上で、高さを揃えて」と覚えておけばOK。ただし、枯れた枝は根元から切ります。

剪定時期の見極めは？

こうなったら

ガクアジサイ
真ん中に集まっている丸いもの（つぼみ）が、ほぼ咲いたらそろそろ剪定を。

こうなったら

アジサイ
真ん中の丸い部分（これがつぼみ）が、咲いたり取れていたらそろそろ剪定を。

ちょっと特別な
アジサイ ʻアナベルʼ

アナベルは色の変化がきれいで、
ライムグリーン→白→ライムグリーン→茶色、と変化します。
2回目にライムグリーンになったら、ドライフラワーに。
他のアジサイは7月初旬には剪定しますが、
アナベルは剪定時期が違う(冬)ので、
そのまま放置してさらなる変化を楽しみます。

アナベルの楽しみ方

色の変化を楽しむ

移り変わる色の美しさは、アナベルならでは。ドライにするなら2回目のグリーンになったタイミングで。

咲き始めの頃はライムグリーン。

満開になり、色が白く変わってきた。

再びライムグリーンに。
ドライにするなら、
そろそろ収穫適期。

ドライフラワーにする

枝を長めに残して花を切り、
葉は取って逆さにして吊るす。
完全に乾くまで
そのままにしておく。

アクセサリーにする

漂白後、アクセサリーにして楽しむ。

❶ ドライになったアナベルを小さくバラして
ペーパータオルに並べて置き、泡状の
漂白剤を少量かける。ラップで包んで密閉し、
放置する。乾いたら漂白剤をかけて放置、
を白くなるまで繰り返す。

❷ 白くなったら、水洗いして漂白剤をよく流す。
乾いたら、レジンコーティングを施し、
アクセサリーに。

青い花で涼を感じる

暑い時期の庭は、青や紫色の花を多めにしています。
例えば、このページの写真のセイヨウニンジンボク。
よく「きれいだねー」と誉められる、お気に入りの木です。
初夏に1番花、晩夏に2番花を咲かせて、
近くを通るとスーッと爽やかな香りがします。
見た目から涼しくなれる青系の花、おすすめです。

セイヨウニンジンボク
ハーブとしても用いられる。別名チェストベリー。

宿根リナリア
穂状に咲く小さな花がかわいらしい。

カリブラコア
小さな花がこんもりと咲く。

ロシアンセージ
シルバーがかった葉と花の色のコントラストが魅力。

サルビア・ネモローサ
密集して咲く濃い青紫色の花がインパクト大。

ギボウシ(ホスタ)
楚々とした薄紫色の花が、長く伸びた茎の先に咲く。

バーベナ
花びらの形が特徴的。さまざまな種類がある。

大きくなる木は鉢植えで

人気のミモザ、ユーカリ、スモークツリー。
どれも地植えすると5m以上と大きくなりすぎて管理が大変なので、
鉢植えで育てるのがおすすめです。
小さく育てるコツをまとめました。

ミモザ（左）とユーカリ（右）。どちらも花や葉の美しさで大人気の樹木ですが、
どんどん大きくなってしまうので鉢植え栽培がおすすめ。鉢でもここまで大きく育ちました。

ミモザ&ユーカリのコツ

根詰まりによる
水切れに気をつける

ミモザとユーカリは成長スピードが
恐ろしく速いので、鉢の中で
根が急成長して根詰まりを起こしやすいです。

<私はこうしました!>

① 水やりしてもすぐ乾くように
　なったら鉢増しする
② 土の表面をセダムで保護し、
　水分の蒸発を防ぐ

セダムって何?

寄せ植えなどによく使われる小さな植物で、
ちぎってまくだけでどんどん増える。
姿のかわいらしさで人気がある。

スモークツリーのコツ

矮性品種を選ぶ

スモークツリーには
矮性品種があるので、
それらを選びましょう。
おすすめの品種は、
ヤングレディや
リトルルビー。
背丈は低くても、花をたくさん
咲かせてくれますよ!

■■ 矮性品種
[わいせいひんしゅ]
小さく育つ品種。

伸びたミモザはほうっておく

春に心配になるほどバッサリ切って丸裸状態だったミモザの一種、
ブルーブッシュが、こんなにワサワサになりました。
でも、夏の盛りにはもう来年の花芽がついているので、切るのはNG。
花が咲かなくなってしまうので気をつけましょう！

ミモザの花芽

ブルーブッシュの花芽

植えてよかった！
メリットいっぱいのクラピア

グラウンドカバー植物として知られる、クラピア。
成長スピードが速い&密に生えて雑草対策になるうえ、
柔らかくて肌触りが気持ちいいので、夏にはますますありがたみを感じます。
手入れも簡単で、踏むことでいっそう密に生えます。
刈り込めば、さらに密集度アップ。時々刈り込みの必要はありますが、
雑草取りに追われることと比べれば、かなりラクといえます。
ちなみに、似た植物でヒメイワダレソウがありますが、
手に負えないほど増えて暴れるのでおすすめしません。

Before　伸び切ったクラピア

After　刈り込んだ後のクラピア

屋内では観葉植物を楽しむ

この時期に植物がぐんぐん育つのは、屋外ばかりではありません。
暑くて外には出たくないけれど植物は育てたい、
という人には観葉植物がおすすめです。

100円ショップの観葉植物を大きくするコツ

Before

100円ショップで見つけたモンステラ。
買った時には手のひらサイズでしたが、
すくすく育って5年でこんなに大きくなりました。
気をつけたことは、以下の3つだけ。
100円ショップ、侮れません！

❶ 土が乾いてから水やりする
❷ 春か秋にひと回り大きい鉢に鉢替えする
❸ 置き場所を決めたらむやみに動かさない

After

ひょろひょろウンベラータを剪定する

いつの間にかひょろりと育ったウンベラータ。剪定で枝数を増やします。
節の上で切ることで、新芽が刺激されて伸びてきます。

Before

 切る

上に伸びた枝を、節の上で
切ります。切る時は
樹液が手につかないよう注意。

 新芽が伸びる

1週間ほどで新芽が
伸び始めました。

After

植物をもっと楽しむアイディア〈夏〉

育てる＋αの楽しみがあるのが植物のいいところ。
私の楽しみ方の一例を、季節ごとに紹介します。

安定感のある花瓶に入れて楽しんで。

Interior

ドウダンツツジを
長持ちさせるには

最近ではインテリア好きの間で
人気の植物ですが、もともとは生垣に
よく使われる植物で、和の風情があります。
小さな釣鐘形の花が咲き、
秋になると紅葉する様子もきれい。

＜長持ちさせるコツ＞
1. 枝に十字に切れ込みを入れる（P.35参照）
2. 花瓶に水を入れすぎない
3. 2～3日に1回は水を替える
4. 葉がチリチリになったら切る

Pizza

育てたバジルを
ピザに

収穫したてだから香りがフレッシュ。
トマト缶を使ったので薄味で、
娘にも食べられました。
ピーマンとズッキーニは
義母が育てたものです。

Interior

アレンジも
楽しい
ラベンダー

庭で咲いている時の
香りのよさもさることながら、
色や形が美しく、
リースやスワッグなどの
アレンジでも楽しみがいがある
ラベンダー。
ちょっと大人っぽく、
シックな雰囲気に仕上がります。
花が開いていない状態が、
収穫の目安です。

色も形もきれい。

スワッグにもよく合う。

庭がいい香りに。

花が開く前に収穫を。

Night Garden

ナイト
ガーデンが
楽しい季節

日が落ちてきた夕方なら、
外に出るのも苦になりません。
パーティライトを灯して、
庭で夕食を楽しみます。
まるで非日常空間。
家でレジャー気分が味わえて
大満足です。

秋

［9〜11月］

暑さが少しずつ和らぎ、
ガーデニング作業が楽しくなる頃。
次の春のためのプランニングも楽しく、
作業がはかどります。
秋が深まってきたら、
そろそろ冬支度にも取りかかりましょう。

9月のずぼらガーデニング作業

秋から冬、そして来春のことを考え始める時期。
涼しくなり、屋外での作業も楽しくなります。

1 苗の植え付け

園芸店に秋の一年草や宿根草の苗、
苗木が並ぶようになります。
グラス類など、秋らしくておすすめ。

2 種まき

そろそろ春の花を種まきします。
種の袋には、まく時期をはじめ情報が
詰まっているので要チェック！

3 バラの夏剪定

秋の開花の前に枝を整えます。

4 切り戻し

夏バテ気味で乱れている株はバッサリ切り戻します。

5 害虫対策

秋は虫の動きも活発な時期。
適切な対策で被害を最小限に
とどめましょう。

6 台風対策

台風が来る前には風対策、
通過後には被害の確認と
アフターケアを。

10月のずぼらガーデニング作業

秋のガーデニングをめいっぱい楽しめる時期。
来春に思いをはせながら手を動かしましょう。

 球根の購入と植え付け

今が適期。チューリップ、ヒヤシンスなど種類
豊富に出回っています。水栽培も楽しい！

 バラの苗を買う

バラの大苗の予約がスタートするのもこの時期。
しっかりした苗を買うなら、ぜひ大苗を。

 種まき後の管理

9月にまいたものの水やりやポット上げなど。
まだ種まきが間に合う植物もあります。

 花がら摘み

咲き終わった花を摘みます。

 苗の植え付け

いろいろな一年草や宿根草の苗、
苗木を選ぶのは楽しい作業。
どんな庭にしたいかを思い描いて。

11月のずぼらガーデニング作業

今が見頃のもの、冬や春の準備など、ガーデニングの楽しみが
いっぱいの時期。苗の植え付けは、本格的に寒くなる前に。

1 パンジー・ビオラ探し

人気の品種が出回る時期。
すぐなくなるものもあるので、
こまめなチェックが必要。

2 秋バラのケア

色も香りも美しい時期。
秋は茎が長くなるので、
切り花で楽しむにもぴったりです。
葉に病害虫が残って翌年に
引き継いでしまう可能性があるので、
落ち葉は拾っておきましょう。

3 球根の植え付け

だんだん在庫がなくなるので、
早めに手に入れて11月中に植え付けて。

4 宿根草の植え付け

秋のうちに根付かせると、しっかりした株になります。
大きくなりすぎた宿根草の株分けもこの時期に。

5 寒さ対策スタート

園芸用の温室は真冬には売り切れてしまうので、
買うなら今のうちに。

6 放置する植物もアリ

ルドベキア 'タカオ' や
'アナベル' など、枯れても
冬の庭のアクセントになる
植物はそのまま放置します。

みゆ庭を彩る秋のずぼらプランツ

意外と華やかな秋の庭。
グラス類が風に揺れる様もきれいです。

バラ
秋に咲くバラは、
しっとりとした美しさと
香りのよさが魅力。

ローズヒップ
バラの実。
さまざまな色や形があり、
庭のアクセントになる。

パンジー・ビオラ　○
秋から春にかけて
長く花が楽しめる。
新品種が続々登場する楽しみも。

マリーゴールド　○
鮮やかな黄色やオレンジ色で、
たっぷりと咲く
様子が目を引く。

**スティパ
'エンジェルヘアー'　○■**
細くて柔らかい葉が美しい。
明るい緑色も魅力的。

カレックス　■
たくさんの種類があり、
色や形もさまざま。
日本原産の品種もある。

タマスダレ　◆
白い花びらと明るい緑の葉の
コントラストがきれい。
夏から秋にかけて咲く。

ヒューケラ　■
鮮やかな色が魅力の
リーフプランツ。
庭をぐっと華やかにしてくれる。

◆ 植えっぱなしOK
　の球根植物
〇 こぼれ種で増える
■ 宿根草

アメジストセージ ■
ベルベットのような
質感を持つ花が特徴的。
紫色が鮮やか。

カラマグロスティス ■
スッと伸びた茎に
ふさふさと柔らかな穂がつく。
寒さにも強い。

シュウメイギク ■
白やピンクの花が
風に揺れる様子が優雅。
地下茎で増える。

ミューレンベルギア ■
まるで煙のような
ふわふわの穂が
かわいらしい。

**ユーパトリウム
'チョコラータ'** ■
白くて小さい花が咲く。
葉の色がシック。

サルビア・アズレア ■
鮮やかな青色の花が美しく、
ぐんぐん伸びる暴れん坊だけど
憎めない。

ヤブラン ■
長い穂に小さな花が
びっしり咲く。
細長い葉もきれい。

ガウラ 〇■
白やピンクの花が
風にそよぐ様子が美しい。
長い期間咲く。

台風対策のために
やっておきたいこと

台風通過の前後には、庭全体を見渡して必要なケアを。
「これだけは」というポイントをまとめました。

台風の前に　台風に備えてするべきことは、風対策。
庭にあるものが「飛ばないか」「倒れないか」を
考えて対策しましょう。

1 小さい鉢は
室内に入れる

2 大きな鉢は固めて置く。
背が高いものは倒しても○

3 風にあおられるものには
支柱を立てる

4 モサモサの木は
事前に剪定する

台風の後で

台風が通り過ぎた後にやっておきたいことは、
まず被害の確認。
病気の予防には丸洗いが有効です。

1 飛んでいるもの＆
倒れているものを
確認する

2 倒れた植物を
起こす

3 潔く剪定する

4 丸洗いして
病気を予防

夏の終わりの見切り苗を
復活させて、コスパよく

夏が終わる頃、園芸店の店頭に並ぶ見切り品の苗。適切なケアを施せば、
再び元気にすることも可能です。上手に復活させられれば、
とってもおトクな買い物（＆かわいそうな苗のレスキュー）になりますよ！

1 こんな苗を買いました

ひょろひょろでシワシワの観賞用トウガラシ。
162円から80円に値下げされていました。

2 不要なものを切る

しぼんだ実、枯れ葉、伸びた枝は
すべて切り落とします。

3 根をほぐして植える

ポットから出し、ぐるぐるに伸びて
固まっている根をほぐしてから植えます。
土は培養土を使用。

4 活力剤を与える

活力剤を与え、水やりをします。

5 復活!

約3週間で、
実がプリプリに戻りました！

秋は害虫対策を

気づいたら葉が食べられている、なんだかグラグラする、土がへこんできた……。
そんな時は、害虫の被害を受けているかもしれません。
症状から考えられる害虫と、被害を受けた時の対策をまとめました。

コガネムシに気をつけて！

株全体がグラグラしたり、
土がへこんできた時は、
コガネムシの幼虫がいるかも
しれません。根元を掘ってみて、
いたら取り除きます。
植え付け前に殺虫剤を
まいておくと効果的です。
写真（左）は、根を食べられて
枯れてしまった植物。

他は見つけたら取る

花や葉が
食べられている時は、
葉の上や裏などに
虫がいないか探し、
いたら取ります。
市販の殺虫剤スプレーも
効果的です。

種まきで春の準備を

9月に入ると、そろそろ春に咲く花の種をまく時期。
種まきは少し手間はかかりますが、コスパのよさがメリット。
苗を量産できるので、春の庭が華やかになります。

失敗しない種まき

育てたい場所にまく「直まき」と、苗を作る
「育苗」がありますが、ここでは育苗を紹介。
種が大きい植物、直根の植物、丈夫な植物は
直まきでもOKです。種袋の情報を参考に。

■ 直根 [ちょっこん] ■

ダイコンやゴボウのように、
太く真っすぐ1本伸びる根。

材料

・種
種袋には、その植物の性質や
育て方などの情報が詰まっています。

・トレー
区切りのないもの（写真上）とあるも
の（下・セルタイプ）があり、私がよく
使うのは、セルタイプ。根が張ったら
そのまま鉢や地面に植え替えます。

・培養土　・種まき用土　・名札

1 培養土を
入れて
平らにする

2 水をかける

3 均等に
種をまく

セルタイプなら
1ヶ所に2〜3粒

4 名札を立てる

5 上にうっすら
種まき用土を
かける

6 シャワーで
水を与える

少し頑張るなら、種まき→ポット上げに挑戦!

区切りのないトレーに左ページ1〜6の方法で種まきをして、葉が5枚以上になったらポット上げをする方法もあります。少し手間が増えますが、よりしっかりした苗を作ることができるので、たくさんの花を咲かせやすくなります。

材料

・苗
葉が5枚以上に
なったもの。

・ビニールポット
・培養土
・腐葉土
・活力剤

1
ポットを並べ、
腐葉土で
穴をふさぐ

2
培養土を
入れる

3
苗をそっと
取り出し、
根がちぎれない
ようほぐす

4
ポットに植え、
縁より少し
低い位置まで
培養土を足す

5
活力剤を
与える

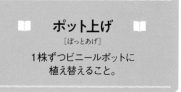

📖 ポット上げ 📖
［ぽっとあげ］
1株ずつビニールポットに
植え替えること。

球根でもっとラクに春の準備

種まきはちょっと面倒、と感じる人には球根がおすすめ。
水栽培なら、さらに手軽に春の準備ができます。

種より育てやすい球根

庭に球根を地植えするなら、寒くなる前に。
その年の気候にもより、植物によっては遅めでも大丈夫なものもありますが、
11月ぐらいをめどに植え付けを終えましょう。

植え付け時の目安

チューリップ	遅くとも年内。霜が降りる前がベスト。
スイセン	遅くなってはだめ。10〜11月頃に。
ムスカリ、ラナンキュラス、アネモネ	遅めでもOK。12月頃までに。

植え付け前の球根は、風通しのよい場所に保管を。
直射日光が当たる場所、ジメジメした場所はNGです。

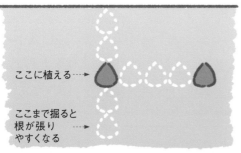

ここに植える→

ここまで掘ると
根が張り
やすくなる →

植え付け方

複数の球根を植え付ける場合は、1個ずつではなく、広いスペースを掘って植えます。

▼

球根5個分の深さまで掘り、3個分の深さに植えます。球根同士の間隔は、通常は球根3個分、密集して咲かせたい場合は球根1個分空けましょう。

▼

チューリップは球根の平らな部分の向きを揃えると、花が咲く方向が揃います。

▼

土をかけたら、たっぷりと水やりを。その後は自然の雨に任せればOKです。水やりしすぎると腐って発芽しない場合があるので注意を。

水栽培なら、さらに簡単

春まだ浅いうちから、部屋を明るく彩ってくれる水栽培の花。
私は、毎年ヒヤシンスを育てています。育て方は簡単。
花瓶も好きなもので楽しめます。10月半ば頃がスタートの目安です。

球根選びのポイント

まるまる、どっしりとしたものを選びます。

育て方

根が出るまで

球根の下を水につけます。ポイントは
「ちょっとだけ」つけること。
水につけすぎると腐る可能性があるので、
スレスレを保つことが大切です。

根が出たら

球根は水に触れないようにして、
根だけを水に浸します。

花瓶はどう選ぶ？

水栽培用もありますが、ワイヤー（100円ショップで入手可能）
で台を作って球根を乗せれば、好きな瓶を花瓶にできます。

秋に苗を買うなら、耐寒性をチェック

これからどんどん気温が下がっていく時期。せっかく苗を買っても、
耐寒性のないものだと霜が降りた時に一撃で枯れてしまいます。
苗のタグに書かれている耐寒温度をチェックしてから買いましょう。
関東の場合、大まかに「0℃＝霜で枯れる、－5℃＝大寒波の時は心配、
－10℃以下＝対策なし」というイメージです（絶対ではありません）。
秋のうちにしっかり根を張らせると、冬越ししやすくなります。

最低温度
約-10℃まで

●たくさん花がつく
●暑さに強くて長く咲く
●放置でも大丈夫でロー

耐　性	耐寒性多年草
最低温度	約-10℃まで
開花期	春〜晩秋
草　丈	約30cm

苗のタグに書かれている
耐寒温度を、
買う前に必ずチェックして。

夏に半分枯れた寄せ植えを 復活させる

夏前に作って、部分的に枯れてしまった鉢植えはありませんか？
まだ元気な植物があれば、そこだけ残して植え替え、
復活させる方法があります。枯れてしまった植物を掘りおこして取り除き、
穴に代わりの植物を植えましょう。追加で植える植物は、
この時期だとパンジー・ビオラなどが丈夫でおすすめです。

1 枯れた植物を 取り除く

2 穴をしっかり 掘る

3 新しい植物を 植える

長い期間楽しめるパンジー・ビオラ

11月になると気になり始めるのが、パンジーとビオラ。
育種が盛んで、毎年おしゃれな品種が登場するので、
ついついほしくなってしまいます。春まで長い期間たくさん咲かせるには、
体力を持続させることがカギとなります。

ビオラはパンジーより小ぶりなものが多いですが、厳密には区別が難しいといわれます。

モリモリ咲かせるためにしたいこと

切り戻しは秋のうちに

切り戻しをすると脇芽が出て
ボリュームが増しますが、
冬は成長がゆっくりに
なるので、なかなか花が
咲かなくなってしまいます。
秋のうちに済ませましょう。

伸びている茎を
葉の少し上で
切ります。

Before

After

こんもり

花がらはこまめに摘む

種を作らせないことも大切です。
体力を温存させましょう。

チャートでチェック！

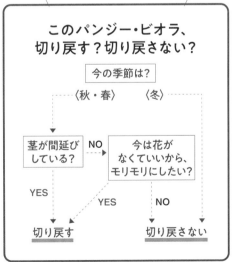

このパンジー・ビオラ、
切り戻す？切り戻さない？

今の季節は？

〈秋・春〉　　〈冬〉

茎が間延び
している？ → NO → 今は花が
なくていいから、
モリモリにしたい？

YES　　　　YES　　　NO

切り戻す　　　　　切り戻さない

定番だけど侮れないマリーゴールド

見た目がかわいいマリーゴールド。
鮮やかなオレンジ色がハロウィンのデコレーションにもぴったりです。
昔ながらの定番の花で、学校の花壇に咲いているイメージでしたが、
植えてみたら案外かわいい！　種で毎年増えるので、コスパ的にも◎です。
花が枯れたら種をバラして、適当にまきましょう。
翌年の春に芽吹きます。

こぼれ種で増えたマリーゴールド。

種をバラして
適当にまけばOK！

色が魅力的、
セイヨウ
ニンジンボク
'プルプレア'

実が
キュートな
ソラナム
パンプキン

これがあるだけでハロウィン気分な木

神秘的な色合いでハロウィン感を醸し出す、セイヨウニンジンボク 'プルプレア'。
葉の裏面だけ紫色で、シックな雰囲気があるので、
インテリアに取り入れやすいところも魅力的。耐寒性はあまりありませんが、
生命力はかなり強く、全枯れしたと思っていたら、5月頃に根元からひょろっと
新芽が出てきます。ひとくせある植物ですが、お気に入りのひとつです。
カボチャのような実がなるソラナムパンプキンも、ハロウィンのデコレーションに
ぴったり。観賞用のナスでトゲがあるので、触る時は気をつけて。
寒さに弱く、一年草として扱われます。

庭に秋らしさを
プラスできるグラス類

スーッと細く長く伸びるグラス類。
イネ科やカヤツリグサ科などの、見た目が草のような植物を指します。
秋の日差しの中、キラキラと光って風にそよぐ姿が美しく、
庭を秋らしい雰囲気にしてくれます。
日に日に気温が下がるこの時期、防寒対策をしないと枯れてしまうものもあるので、
選ぶ時に欠かせないのが耐寒性チェック。
ここでは、防寒対策なしで何年も育てているものを厳選して紹介します。

カラマグロスティス
葉も穂も美しい草姿が目を引く。穂はドライフラワーにするのもおすすめ。
ポロポロ落ちにくく、室内でも安心して飾れる。大きく育つので、広めのスペースが必要。

スティパ 'エンジェルヘアー'

「エンジェルヘアー」の名前通り、繊細な細い葉が特徴。
日差しを受けて光る様が花壇のアクセントになる。
寄せ植えの材料としてもおすすめ。
こぼれ種で増えるので、コスパのよさも魅力。

カレックス

名前の由来は、この枯れたような見た目。
とはいえ、もともとの姿がこの状態で枯れてはいない。
寄せ植えにニュアンスを出してくれる。

ミューレンベルギア

大きく育つとピンク色のふわふわの穂がつくが、
わが家の株はまだ小さいので、もう少し先のお楽しみ。
スモークツリーと少し似た草姿。

おまけ

ヤブラン

グラス類ではないが、同様に細長い姿が美しいヤブラン。
わが家では斑入りのものを育てていて、
日陰の花壇を明るく彩ってくれる。

楽しみ2倍！
ローズヒップができるバラ

秋の庭を彩るバラの実、ローズヒップ。受粉さえすれば実りますが、
バラの体力を消耗させるので、すべてのバラで楽しめるわけではありません。
原種に近いバラ（一重咲きのバラ）は強いので、ローズヒップをつけても大丈夫。
スペースに余裕があるなら、ノイバラやバレリーナなど一重咲きのつるバラを。
コンパクトに育てたいなら、ニューサなどを。
ちなみに、花の大きさと実の大きさは比例するので、選ぶ時のご参考に。

ノイバラ
赤い実が鮮やか。沖縄を除く日本各地に自生する、
野生のバラの代表種。
わが家はトゲなしを育てている。

ニューサ
オレンジ色の実がかわいい。
花は白や薄いピンク色で可憐な雰囲気。

ローズヒップの楽しみ方

切った枝をそのまま花瓶に挿したり、
リースに使ってもよく合います。
色合いがクリスマス
デコレーションにもぴったり。

バラ栽培の理想と現実

夢いっぱいのバラ栽培。こまめに手入れをして美しく保つことができれば、
もちろんいちばん理想的ですが、現実はそうもいきません。
忙しくて手入れがしきれなくてもなんとかなる、バラ栽培のリアルをお見せします!

こんな状態になることも……

きれいに咲いた!

黒星病にかかった

花がら摘みが
できていない

つるバラが
伸びて暴れている

わが家のバラ栽培、基本はこれ！

バラの生命力を信じる

究極のずぼら管理ですが、自然の力は侮れません。
ピエール・ドゥ・ロンサールは夏にはほとんど葉がなくなったけれど、秋には復活。
アイスバーグは害虫にやられて4分の1ぐらいの大きさになってしまったけれど、
いつの間にか復活（涙）してくれています。バラには繊細なイメージがありますが、
意外と生命力が強い植物なんです。

ピエール・ドゥ・ロンサール　　　　　　アイスバーグ

強い品種を選ぶ

苗選びの段階で、病害虫に強い品種を選んでいます。
シャリマーは消毒をしていないのに葉がピカピカ！
ストロベリーアイスも、一見儚い雰囲気なのにめちゃくちゃ強いのです。
消毒はあまりしないずぼら管理ですが、「バラの病害虫はゼロにはならないよね〜」
ぐらいの大らかさで楽しんでいます。

シャリマー　　　　　　　　　ストロベリーアイス

植物をもっと楽しむアイディア〈秋〉

育てる＋αの楽しみがあるのが植物のいいところ。
私の楽しみ方の一例を、季節ごとに紹介します。

Interior

バラとパンジー・ビオラをフローティングフラワーに

この時期次々に咲く秋バラとパンジー・ビオラ。パンジー・ビオラは秋のうちに
切り戻しをすると花がよく咲くので（P.91）、切った花は飾って楽しみます。
花瓶に生けてもきれいですが、たまにはこんな楽しみ方もおすすめ。
ガラスの器に水を張り、バラも一緒に浮かべてみました。
この器は100円ショップの園芸コーナーで見つけたものです。

**秋バラは
切り花もおすすめ**

秋のバラは茎が長いので、
花瓶で楽しむのも素敵です。

Interior
100円ショップの材料でハロウィンリース

100円ショップで揃えたフェイクグリーンや飾りを貼るだけの簡単リース。
リース台全体ではなく半分にだけ貼るようにすると（ハーフムーンリース）、
不器用さんでもおしゃれに決まります！

材料

- リース台　1個
- フェイクグリーン　2個 (形の違うもの)
- 飾り　3袋
- グルーとグルーガン (なければ木工用接着剤)

作り方

❶ フェイクグリーンをバラす。

❷ スタート位置を決め、
　リース台に❶をつける。

❸ 形が違うものを
　交互につけるとかわいい。

❹ 飾りをグルーでつける。

❺ ワイヤー付きの飾りは、
　リース台に巻き付ける。

❻ できあがり！

Winter

冬

［12〜2月］

庭の眺めはちょっと寂しくなりますが、
春に向けての準備やメンテナンスなど、
できることは意外とたくさんある冬。
クリスマスリースや植物を飾るための
はしごを作るなど、
DIYもはかどる季節です。

12月のずぼらガーデニング作業

休眠したり枯れたりした植物のケアなど、メンテナンスが中心。
数は少ないですが、冬に咲く花のケアも忘れずに。

1 パンジー・ビオラの花がら摘み

枯れた花だけでなく、体力を消耗させる種も
こまめに取ることが、春まで咲かせる秘訣です。

2 寒肥やり (かんごえ)

バラなど休眠中の木に
肥料を与えます。
春の芽吹きを力強くする
効果があります。

3 宿根草を切る

地上部分が枯れるものは、
地面ギリギリのところ
(地際)で切って
さっぱりさせます。

4 つるバラの剪定&誘引

つるバラは休眠の時期。その間に枝が横向きに
なるよう誘引し、伸び放題にならないよう整えます。

5 DIYのチャンス

他の季節に比べて、庭での作業が少なくなる冬。
室内でじっくりDIYに取り組めるチャンス到来です。

> ■ 誘引 [ゆういん] ■
> 茎や枝を、支柱などに沿うように導き固定すること。

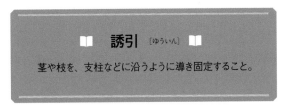

1月のずぼらガーデニング作業

少しずつ日が延び始める頃。
とはいえ寒い日も多いので、無理せず春の準備を。

1 パンジー・ビオラの花がら摘み

寒さに負けず咲き続け、
庭を明るくしてくれるありがたい存在。
それだけに、花後の始末はこまめに。

2 つるバラの剪定&誘引と、バラの剪定

休眠している間にバッサリ切ります。

3 バラの大苗購入

冬はバラ栽培を始める適期。
しっかりとした大苗が出回り、
購入におすすめの時期です。

4 クリスマスローズの古葉を切る

切らなくても咲きますが、ない方が見栄えよし。
葉の縁がギザギザしているので、
素手で触らないよう気をつけて。

5 DIYのメンテナンス

庭の構造物を修理したり、
ペンキを塗り直したり。
普段なかなかできないことを、
この時期に。

2月のずぼらガーデニング作業

**今月は雑草取り強化月間。
この時期に抜いておくと、春がすごくラクになります。**

 **パンジー・ビオラの
花がら摘み**

春まで長く咲き続けるよう、
せっせと花がらを摘みます。

2 雑草取り

種が飛ぶ前に雑草を取っておくと、
年々雑草が減って、
年々手がかからなくなります
（実感済み）。

**3 クリスマスローズ
を買う**

開花株が店頭に並ぶこの時期は、
お気に入りに出会えるチャンス。

**4 つるバラの剪定＆誘引、
バラの剪定ラストスパート**

そろそろ休眠時期が終わり、芽が動き出します。
そうなる前に作業を済ませましょう。

みゆ庭を彩る冬のずぼらプランツ

寒風に負けず咲く花や、枯れ姿を観賞する植物。
水栽培も、この時期ならではのお楽しみです。

パンジー・ビオラ
冬は色が濃くなる。
寒さに強く育てやすい。

ハボタン
寒くなるにつれて色づく葉を
観賞するリーフプランツ。
さまざまな種類がある。

アリッサム
白、ピンクなどの小花が
たくさん咲く。
寄せ植えの名脇役。

アジサイ 'アナベル'
枯れた姿も美しいので、
花後にそのまま残しておくと
この時期楽しめる。

ルドベキア 'タカオ'
枯れた後も放置しておいて、
ドライフラワーのような
シルエットを楽しむ。

ヒヤシンス(室内)
水栽培のものが
この時期に開花して、
一足早い春を感じさせてくれる。

これだけはやりたい、冬のずぼらケア

バッサリ切るだけ、宿根草の切り戻し

宿根草の中には、冬になると地上部が枯れるものがありますが、
土の中の根は生きています。そのままにしておくと茎や葉から
水分が奪われる可能性があるので、地上部を切り戻してダメージを防ぎましょう。
地際で切るだけなので、簡単です。

どんな植物を切り戻す？

ギボウシ（ホスタ）（写真・左）、
フウチソウ（右）、
サルビア（セージ）、
カラマグロスティス（下）など、
地上部が枯れるものは
切り戻します。枯れた時が
切るタイミングです。

切り方

Before

After

地際をバッサリ
切りましょう。
刈り込みバサミを
使うとラクに切れて
おすすめです。

新しい芽のために寒肥を

寒肥は、花が咲いた後や収穫後の木に栄養補給をする肥料。
寒い冬に与えるので「寒肥」と呼ばれます。
耐寒性を高めるとともに、新芽の成長を促すことが目的で、
有機肥料なのでじっくりと効いていくのが特徴です。
自分で配合することもできますが、私は、ホームセンターで「寒肥」と
書いてある専用の肥料を買っています。
バラやクレマチスに与え、
大きく成長しすぎるミモザやユーカリには与えません。

寒肥の与え方

**木の周りに適当に
なじませるだけでも大丈夫!**

・他の植物があって穴が掘れない
・そこまで手間をかけている時間がない

という場合は、木の周りに寒肥をまき、移植ゴテ
などで土となじませるだけでもOKです。

しっかりやるなら
木の周り約20cmの位置に、
深さ約20cmの穴を掘って寒肥を入れます。
寒肥の量は袋の裏面を参照してください。

冬のうちにちょこっと雑草対策

庭の植物が減る冬。雑草も姿をひそめるので、
夏のようにせっせと対策をしなくて済んでラッキー！
と思いがちですが、実はこの時期こそ
雑草を減らすチャンスです。というのも、
冬は他の植物が枯れているので見つけやすい、
成長スピードが遅いので1日に少し取るだけでも効果がある、
サイズが小さいので抜くのがラクと、
雑草対策にはいいことだらけ。
芽吹きが始まる3月頃には雑草がなくなって、
春の庭のケアがとてもラクになりますよ。

気軽にやるなら手と鎌で抜く

なるべく根っこから
しっかり抜きましょう。
土が硬くて抜きにくかったら、
鎌で周りを掘るとスムーズ。
乾燥している時は、
周りに水をかけます。

ちょっと頑張るなら防草シート＋砂利で覆う

防草シートで一気に覆ってしまうのもいい方法。
雑草が少ないこの時期なら、シートを張りやすいのでおすすめです。
シートの上に砂利やレンガチップなどを置くと、
耐久性も防草効果もアップします。

防草シートを敷いて

その上に砂利やレンガチップなどを置く

 ▶

気をつけたい、冬の水切れ

見過ごしがちですが、冬の乾燥は植物にとって過酷。
土の中まで乾燥して枯れてしまう、ということがよくあります。
雨が全然降っていない、土がカラカラに乾いている、
という場合は、たっぷりと水を与えるようにしてください。
特に注意したいのが、鉢植えの植物。
鉢植えは地植えに比べて土が少ない分、乾燥しやすいのです。
水やりをつい忘れてしまう場合は、玄関近くなど目につきやすい場所に
鉢を置くと忘れにくくなります。
ホスタなどの宿根草は、冬に地上部が枯れても根は生きています。
枯れているから水は不要と思いがちですが、根がカラカラになると
枯れる原因にもなるので、忘れずに水やりを。

ミモザのカイガラムシはこれで解決！

ミモザにつきやすいカイガラムシは、植物を黒くする
「すす病」の原因になる害虫。この病気にやられると、
うまく光合成ができなくなり、最悪枯れてしまうこともあります。
カイガラムシを見つけたらその都度退治する必要がありますが、
小さな虫なので、なかなか根気のいる作業です。

水で吹き飛ばす

庭の給水用ホースを
「ジェット」にして、
カイガラムシを吹き飛ばします。
これまでにミモザの枝が
折れたことはありませんが、
激しくやりすぎないように
気をつけて。ホースがなければ
市販の殺虫剤
スプレーで対応を。

放置すると……

すす病にやられた枝が黒くなり、
枯れかかった状態。

冬こそDIYがおすすめ。
ラダーを作ってみました

庭のアクセントになるだけでなく、リースやガーデニング雑貨などを
かけておく場所として便利なラダー(はしご)。
庭作業の少ないこの時期こそチャンス! とDIYしてみました。
買うとそれなりの値段がしますが、約2800円で完成。
いろいろなものをかけて楽しんでいます。

材料

- 塩ビ管　2m（サイズ13）　3本
　　　　VPチーズ13　　6個
　　　　VPキャップ13　4個
- のこぎり
- 接着剤
- 紙やすり（なくてもOK）
- ペンキ（好みのもの）　適量
- 刷毛（ペンキ塗り用）

作り方

 ### 塩ビ管を切る

のこぎりで切ります。写真のラダーに
必要な本数はイラストの通り。
私は2mの塩ビ管を3本買って少し余りました。
ラダーの長さや幅は、好みでアレンジしてください。

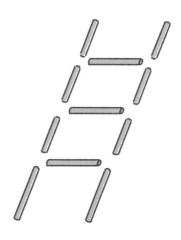

 ### 組み立てる

切った塩ビ管をVPチーズ6個で、
はしご状になるように接着剤で固定します。
はしごの上下両端に
VPキャップを接着剤でつけます。
完全につくまでそのままおきます。

 ### 紙やすりをかける

軽く紙やすりをかけることで、
ペンキがはがれにくくなります。
この工程は省いてもOK。

 ### ペンキを塗る

好みのペンキを刷毛で塗ります。
私は、金属のような質感が
出るタイプを選びました。
よく乾かして、できあがり。

パンジー・ビオラは
花がらを摘めば長持ち!

冬の寂しい庭を彩ってくれるパンジー・ビオラ。
花がらを摘むことで春まで長く楽しめます。
ポイントは、茎を根元から切る、
つぼみを切らないように気をつける、
ついでに種も切る、の3つです。

ついでに

根元から切る

茎も残さず、根元からバッサリと。

種も切る

種は体力を消耗させるので切ります。

つぼみ

花がら

つぼみを
切らないように
気をつける

一見紛らわしい時もありますが、
発色がよく生き生きしている
=つぼみ、
退色して縁がよれよれ
=花がらです。

初心者におすすめは、
バラの大苗

多くのバラの苗は、ノイバラなど丈夫なバラを台木に接木をして
作られていますが、接木をして1年目の「新苗」に対して、
新苗をさらに秋まで育てたものを「大苗」といいます。
大苗が初心者におすすめの理由は、接木から1年以上育てられて
いることが多く、しっかりしているから。私も実際に
両方を育ててみて、大苗の方が育てやすいと感じました。
特に冬に出回る大苗は、質のいいものが多く種類も豊富です。

**大苗って
どんな苗？**

・新苗を地植えして秋まで育てたもの。
・新苗より値段が高い。
・冬の休眠中に植え付けて、春に花を楽しめる。

選ぶ時にチェックしたいポイント

・枝が太い
・枝の本数は多くなくてOK
・枝の切り口のドーナツ状の層が
　大きく、充実している

ホームセンターよりバラ専門店の方が苗の
状態や品質がいいことが多いので、私は
43種育てているバラのうち、36種を専門
店のインターネット通販で購入しました。

📖 **接木 [つぎき]** 📖

増やしたい植物を切り取り、
台木という他の株についで増やす方法。

これだけでOK！
バラをきれいに咲かせるために

つるバラ：剪定と
誘引をする

可憐な花がたっぷりと咲くつるバラは、この時期に
誘引をすることが大切。枝を横に曲げることで、
花をたくさん咲かせます。同時に、伸び放題に
なっていた枝を剪定して、整えることも忘れずに。
誘引を行う時期は12月中が理想的です。
2月中旬くらいに芽が膨らみ始めてから誘引をすると、
せっかくの芽が取れてしまう恐れがあります。

Before

After

やり方

 葉をむしる

厚手の革手袋で葉を全部取ります。
バラが休眠するうえ、
枝全体が見えやすくなります。

 剪定する

枯れ枝、細すぎる枝を
剪定バサミで
切り落とします。

 **曲げる順番を
決める**

太い枝を優先して、
曲げる順番を決めます。
不要な枝があれば、さらに剪定を。

 太い枝から誘引する

地面となるべく水平になるように曲げ、
花が咲いてほしいあたりを
ビニールタイで固定します。
2本の枝を交差させてもOK。
枝の間隔が、拳1個分は開くようにしましょう。

誘引をしないと、先端にしか咲きません。

バラ：剪定をする

バラはこの時期に剪定することで成長が促され、
たくさんの花を咲かせやすくなります。「こんなに？」というほど
バッサリ切ってしまって問題ありません。
1〜2月、バラが休眠している間に行いましょう。

Before

After

やり方

 葉をむしる

厚手の皮手袋をして葉を全部取ることで
バラが休眠します。
葉を下に引っ張れば簡単に取れます。
教科書通りだと剪定の約1週間前までに
行うのがベスト。私の実体験では、
剪定直前でも問題ありませんでしたが……。

2 **切った後のサイズを
イメージする**

バラの背丈の半分〜3分の1になるように、
が目安。「こんなに切って大丈夫？」と
いうぐらいのサイズになります。

 不要な枝を切る

枯れ枝、細い枝、込み入っているところを
根元から剪定バサミで切り落とします。

 **赤くてぷっくりしている
芽の上で切る**

切る位置は、赤くてぷっくりしている芽の0.5〜1cm上。
この時、芽がついている位置を確認して切ることが大切です。
例えば内側を向いている芽の上でばかり切ると、
新しい枝が多く内側に伸びて込み入ってしまうからです。

ハボタンを主役に、お正月のシンプル寄せ植え

日本では江戸時代に渡来し、愛されてきたハボタン。お正月らしい
寄せ植えに欠かせない植物です。和の植物（センリョウ、マンリョウ、
ヤブコウジ、ナンテンなど）のほか、赤い花（パンジー・ビオラ、
ガーデンシクラメンなど）、白い花や葉（カルーナ、イベリス、シロタエギク）
と合わせて華やかな雰囲気にまとめます。ハボタンは色形が違うものを使って
動きを出しています。ヤブコウジの葉の間の赤い実は、つくりもの。
冬は思い通りの植物が手に入りにくいこともあり、
実つきの苗が手に入らない時は、こんなふうに飾りを差し込むのもアリです。

材料

- ハボタン　3株
- パンジー・ビオラ　1株
- ヤブコウジ　1株
- 好みでシロタエギク　1株

ポイント

- 冬は植物の成長速度が遅くなるので、
  なるべく密植する
- ハボタンやパンジー・ビオラは、ある程度
  根鉢を崩しても大丈夫
- ハボタンは斜めに植えるときれいに見える

📖 根鉢 ［ねばち］ 📖
植物の根と土がかたまりになった状態。

ハボタンは根鉢を
崩しても大丈夫。

斜めに植えると
内側が見えてきれい。

枯れた姿が
冬の庭のアクセントに

地上部が枯れた宿根草は基本的には切り戻しますが（P.107）、
切らずにそのまま残すと、
冬枯れの庭に映えておしゃれに見える植物もあります。
例えば、ルドベキア‵タカオ′（写真左）。黄色い花びらが落ちて
真ん中のしべだけ残った状態になりますが、
芯が強いので真冬もこのまま。形の面白さが際立ちます。
ドライフラワーのようになったアジサイ‵アナベル′（右）も、この時期の庭に嬉しい存在。
アンティークっぽくてシックな雰囲気です。
どちらも、新芽が動き始める2月末頃には地際で切ります。

植物をもっと楽しむアイディア〈冬〉

育てる＋αの楽しみがあるのが
植物のいいところ。
私の楽しみ方の一例を、
季節ごとに紹介します。

Interior

庭の植物で
クリスマスデコレーション
を楽しむ

クリスマスが近づくと、庭にある植物を使ってリース
やツリーを作るのが楽しみです。リースは、台にロー
ズヒップやローズマリー、ユーカリをぐるりとつけて。
玄関ドアに下げると通るたびに清々しい香りが広が
ります。ツリーは、鉢植えのコニファーにオーナメントを
下げるだけですが、クリスマス気分がグッと上がります。

リース

材料

- リース台　1個
- ローズヒップ　適量
- ローズマリー　適量
- ユーカリ　適量
- ワイヤー　適量
- グルーとグルーガン
（なければ木工用接着剤）

作り方

❶ ローズマリーを3本束ねてリース
　台にワイヤーで巻き、固定する。

❷ ユーカリも同様に
　リース台に固定する。

❸ ❶と❷を交互に繰り返す。

❹ 1周終わったらワイヤーで固定する。

❺ ローズヒップにグルーをつける。

❻ ❺をリースに差し込む。

ツリー

コニファーを鉢植えで育てておくと(地植えは大きくなるので注意)、クリスマスツリーに活用できます。オーナメントは100円ショップのもの。葉が入り組んだ形なので、案外落ちません。コニファーは品種によって葉の色や形が異なりますが、わが家はレッドスターという葉が赤くなるタイプです。

これってナゼ？　に答えます

インスタやブログに寄せられる中から、特に多い4つの疑問にお答えします。

花が咲かないのはナゼ？

花が咲いた後には実（種）ができます。つまり、植物の花が咲く＝子孫を残すということ。咲かない理由は、簡単にいうと

❶子孫を残すには早い
❷子孫を残せない
❸子孫を残している場合じゃない
の3つに分けられます。

咲かない理由は？　　　　　　　　　　　　　対処法は？

❶ 子孫を残すには早い

株がまだ十分に成熟していないと、　　　→ 成長を待つ。
花を咲かせないことがある

---

❷ 子孫を残せない

剪定する時期を間違えて花芽を切ると、　→ 剪定時期は植物によって違うので、注意が必要。
花は咲かない

肥料分が偏っている　　　　　　　　　→ リン酸が多めの肥料を与える。

---

❸ 子孫を残している場合じゃない

病害虫にやられた　　　　　　　　　　→ 病気を治す。害虫を除く。

前年にたくさん花を咲かせて疲れている　→ 肥料を与えて翌年を待つ。

短く剪定しすぎた　　　　　　　　　　→ 強めに剪定する時は、花が咲かないことも覚悟の上で。

水不足　　　　　　　　　　　　　　　→ たっぷり水やりする。

気候の影響・日照不足　　　　　　　　→ 暑さ対策、寒さ対策。日当たりのいい場所へ移動。

植物が枯れるのはナゼ？

植物が枯れる原因はさまざまです。元気がなくなってきたら
慌てずによく観察して、ひどくならないうちに対処しましょう。

枯れる原因は？	対処法は？
病害虫	枯れた部分を取る。ひどければ市販のスプレーを。
水のやりすぎ（根腐れ）	葉が黄色くなったりブヨブヨしてきたら、水やりを控える。鉢植えなら風通しのいいところに置く。
水が足りない（水切れ）	下葉が枯れる、ぐったりする、は水切れのサイン。水をたっぷり与える。
根詰まり	水をたっぷり与えても水切れする場合、ひと回り大きな鉢に植え替える。
休眠期	宿根草や球根植物は休眠するものも多く、地上部は枯れていても気にしなくて大丈夫。
暑すぎる	遮光するか、鉢植えなら半日陰に移動。
寒すぎる	腐葉土を土の上にまいて保温する、不織布でくるむ、移動するなど。

症状から見る、枯れた原因早見表

症状	疑われる原因
下葉が枯れている、黄色くなっている	水切れ。根詰まり。
葉が黄色くなっている、ブヨブヨになっている。土にカビやコケが生えている	水のやりすぎ。根腐れ。
葉や枝に穴がある。ぐらつく	害虫。
葉がチリチリになっている	暑すぎる。
葉が白い、黒い	病気。
枝が枯れている	寒すぎる。

これってナゼ？　に答えます

使い終わった土って、捨ててもいいの？

植物が枯れた後の土は、実はゴミとして捨てられないケースがほとんど。でも、再生剤を混ぜることで復活させると再び使うことができます。晴れた日にしっかり日光に当てることで、病害虫対策にもなります。

必要なもの
- **古い土**（植物が枯れた後の鉢の土など）
- **ふるい**
- **土の再生材**
- **シート**
- **ビニール袋**

1 枯れた植物や雑草を取り除き、広げたシートの上に古い土を出す。

2 土をふるいにかけて、根、害虫、ゴミなどを取り除く。

3 土をビニール袋に入れて、口をしばる。

4 日光に当てて袋の中の温度を上げ、そのまま数日放置する。再生材を混ぜてできあがり！

固形肥料選びで迷ったら?

いろいろな種類がある固形肥料。どれを選ぶか迷ったら、パッケージに「チッ素：リン酸：カリ＝8：8：8」と書かれているものがおすすめ。3つの栄養分がバランスよく含まれています。

土の上に置く固形肥料。水やりするたびに溶けて、じわりと効きます

肥料の成分	何に効くか?
チッ素 ┈┈┈➡	葉
リン酸 ┈┈┈➡	実や花
カリ ┈┈┈➡	根

例えば、さつまいもを育てて「葉がよく茂っていたのに、イモがとれなかった」という場合、「葉に効くチッ素が多く、根に効くカリが少なかった」ことが考えられます。

ずぼらガーデニングカレンダー

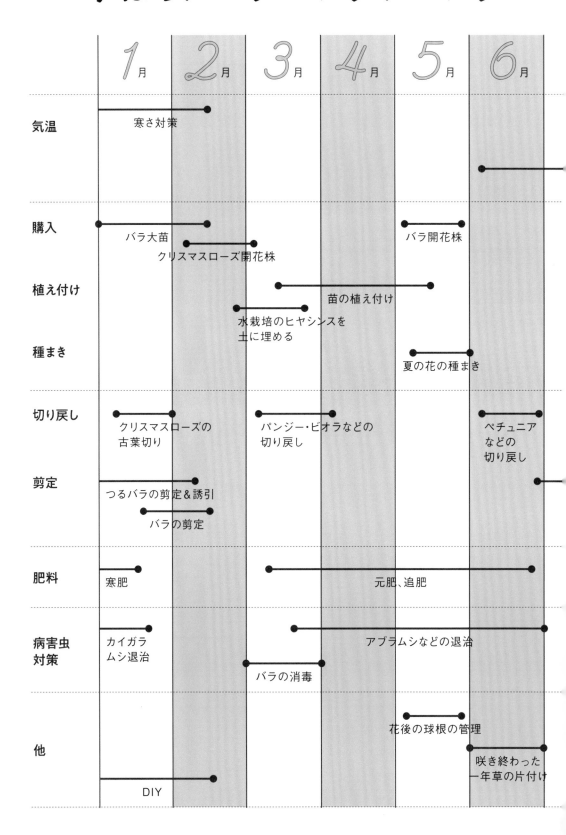

	1月	2月	3月	4月	5月	6月

気温 — 寒さ対策

購入 — バラ大苗 / クリスマスローズ開花株 / バラ開花株

植え付け — 苗の植え付け / 水栽培のヒヤシンスを土に埋める

種まき — 夏の花の種まき

切り戻し — クリスマスローズの古葉切り / パンジー・ビオラなどの切り戻し / ペチュニアなどの切り戻し

剪定 — つるバラの剪定＆誘引 / バラの剪定

肥料 — 寒肥 / 元肥、追肥

病害虫対策 — カイガラムシ退治 / アブラムシなどの退治 / バラの消毒

他 — 花後の球根の管理 / 咲き終わった一年草の片付け / DIY

1年間の作業をカレンダーにしました。今すべきことが一目でわかります。
水やり、雑草取り、花がら摘みは通年行います。

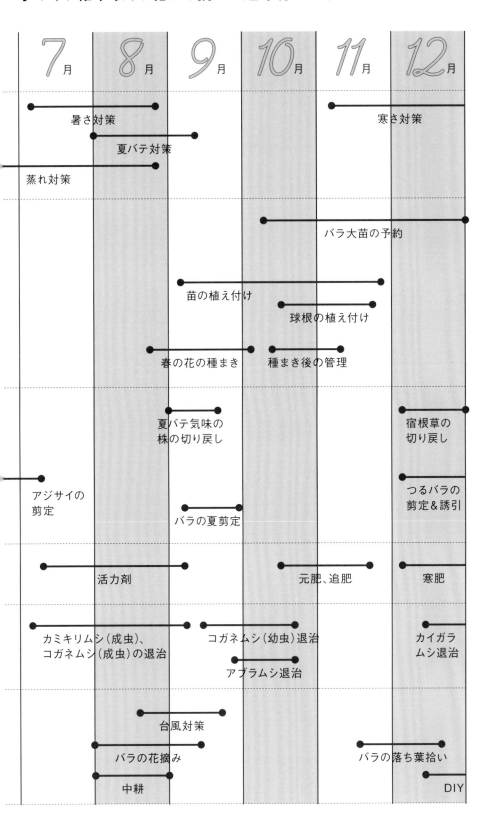

7月	8月	9月	10月	11月	12月

暑さ対策

寒さ対策

夏バテ対策

蒸れ対策

バラ大苗の予約

苗の植え付け

球根の植え付け

春の花の種まき　種まき後の管理

夏バテ気味の
株の切り戻し

宿根草の
切り戻し

アジサイの
剪定

つるバラの
剪定＆誘引

バラの夏剪定

活力剤　　　　　　元肥、追肥　　　　寒肥

カミキリムシ（成虫）、
コガネムシ（成虫）の退治

コガネムシ（幼虫）退治

カイガラ
ムシ退治

アブラムシ退治

台風対策

バラの花摘み　　　　　　　　バラの落ち葉拾い

中耕　　　　　　　　　　　　　　　　　DIY

Profile

みゆき

ガーデンコーディネーター

小学校教員を経て、
ガーデンコーディネーターとなり、
SNSで「手間のいらない庭作り」を発信。
失敗と成功を繰り返した実体験からのアドバイスが
参考になる、と救われるファンが多数。
「ガーデニングはずぼら管理がちょうどいい」を提唱し、
日々使える情報を発信している。

Instagram　@miyuki.garden
ブログ「みゆ庭」　https://miyuniwa.com
YouTube「みゆ庭チャンネル」　https://youtube.com/@miyuki.garden

枯らしまくっていた
私がたどり着いた！

ずぼらガーデニング

2023年3月16日　初版発行
2024年6月15日　4版発行

著者／みゆき

発行者／山下直久

発行／株式会社KADOKAWA
〒102-8177　東京都千代田区富士見2-13-3
電話 0570-002-301(ナビダイヤル)

印刷所／大日本印刷株式会社

●お問い合わせ
https://www.kadokawa.co.jp/
(「お問い合わせ」へお進みください)
※内容によっては、お答えできない場合があります。
※サポートは日本国内のみとさせていただきます。
※Japanese text only

定価はカバーに表示してあります。

©Miyuki 2023 Printed in Japan
ISBN 978-4-04-897521-6　C0077